David Grossman
Opa, warum hast du Falten?

DAVID GROSSMAN

Opa, warum hast du Falten?

Mit Illustrationen von Ninamasina

Hanser

»Opa, was hast du denn da auf dem Gesicht?«
»Auf dem Gesicht?«, wundert sich Opa.
»Ich hab nichts auf dem Gesicht. Nur die Brille.«

»Du hast Falten«, sagt Jotam.
»Ach so, ja, meine Falten ...«, sagt Opa.
»Die kennst du doch schon, Jotam.«
»Aber du hast mir noch nicht erzählt,
woher du sie hast.«

»Woher ich die Falten habe?« Opa Amnon lacht.
»Das hat mich noch niemand gefragt …«

Jotam trinkt langsam seinen Saft. Heute ist Dienstag.
Dienstags holt Opa Jotam immer vom Kindergarten ab,
und auf dem Heimweg gehen sie in Avivas Café.
Wenn Aviva sie sieht, klatscht sie in die Hände und sagt:
»Oh! Da kommt ja der lachende Opa mit dem Jungen,
der immer malt.«

Dann setzen sie sich an einen Tisch in der Ecke,
Opa trinkt einen Kaffee und Jotam Traubensaft.

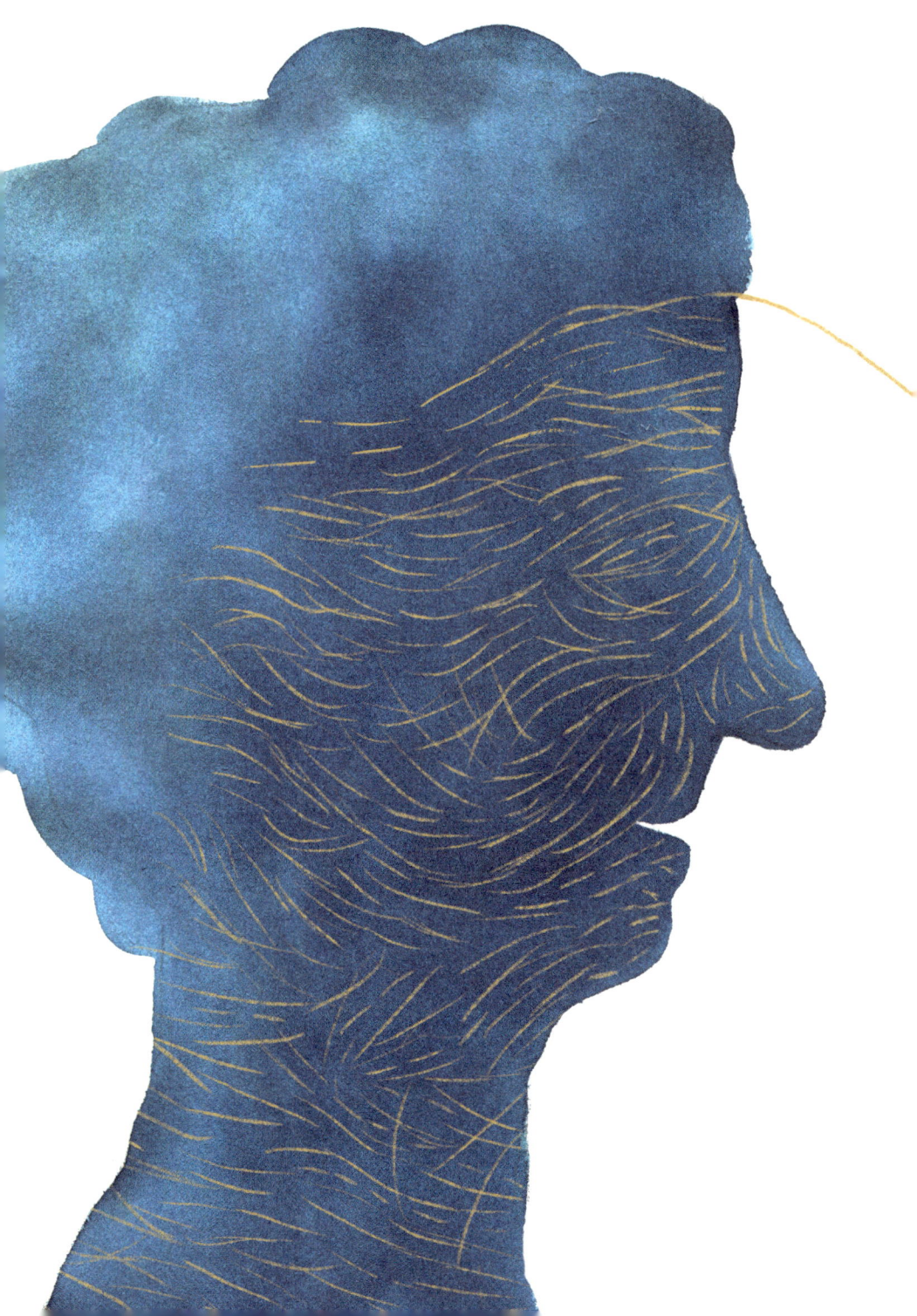

Opa sagt: »Also, Jotam, du weißt: Falten sind etwas,
was Menschen kriegen, wenn sie groß sind.«
»Tun dir die Falten weh?«, fragt Jotam.
»Ob sie mir wehtun?« Opa lächelt ein bisschen.
»Hm ... nein. Nein. Sie tun mir nicht weh.«

»Kann ich sie mal anfassen?«
»Natürlich kannst du das.«
Jotam berührt mit seinen Fingern Opas Falten. Er spürt, wie sich Opas Haut an diesen Stellen etwas krumpelt.
Opa lacht: »Hey, mein Junge, das kitzelt!«

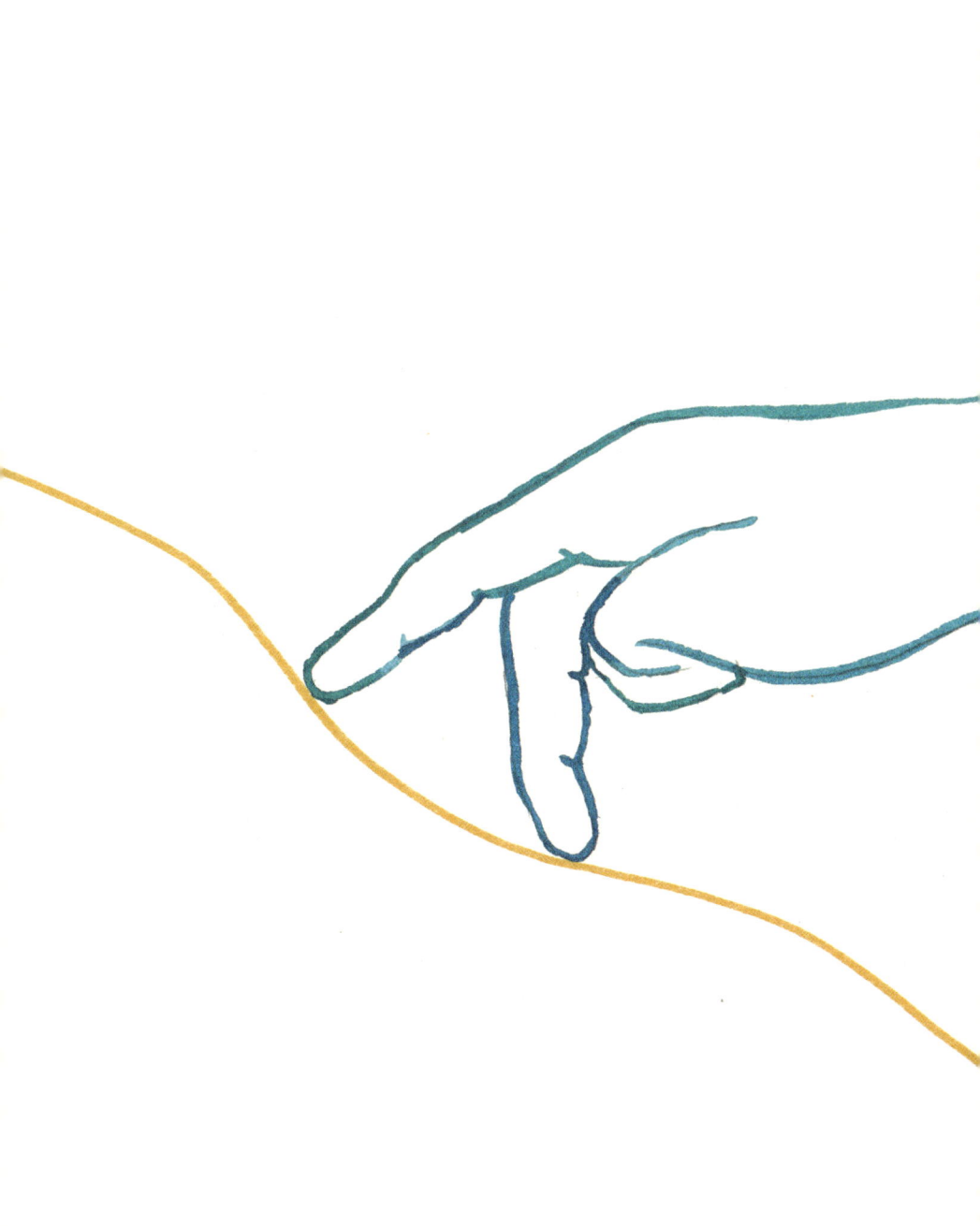

»Hab ich auch Falten?«, fragt Jotam.
»Nein«, sagt Opa. »Kinder haben keine Falten.«
»Aber werde ich später mal welche bekommen?«
»Wenn du groß bist.«
»Wenn ich alt bin?«
»Ja, genau«, sagt Opa.

»Opa«, fragt Jotam, »woher weiß mein Gesicht dann, wie man Falten macht?«
»Wenn die Zeit gekommen ist, wird dein Gesicht das wissen«, sagt Opa.

Jotam berührt wieder Opas Gesicht.
Es ist, als ob sein Finger die Falten malt.

Opas Haut fühlt sich weich und gut an. Schon als Baby hat Jotam gerne an Opas Wangen geknibbelt, und auch an der Haut seines Ellbogens.

Aber jetzt bemerkt er auf Opas Wangen ganz viele Falten. Sie sehen aus wie winzige Lebewesen, die sich die ganze Zeit bewegen und hüpfen.
Auch rund um die Augen hat Opa faltige Linien. Und die tiefen Falten auf der Stirn sehen aus wie die Wellen im Meer. Eine Welle über der andern und darüber gleich noch mal Wellen.

»Einige Falten habe ich durchs Älterwerden bekommen«, sagt Opa. »Andere wegen allen möglichen Dingen, die mir im Leben passiert sind. Schöne und traurige.«
»Traurige Dinge, wie als Oma Dina krank war?«, fragt Jotam.
»Ja«, sagt Opa und seufzt. »Davon habe ich viele Falten gekriegt.«

»Hast du auch Falten gekriegt, als Papaya gestorben ist?«, fragt Jotam.
»Kann schon sein«, sagt Opa. »Sie war so ein süßer Hund. Ich hab sie sehr lieb gehabt.«
»Hier«, sagt Jotam. »Hier auf dem Kinn hast du eine Falte, die sieht aus wie Papayas Schwanz.«

»Aber ich habe auch andere Falten«, sagt Opa. »Zum Beispiel diese hier auf der Wange. Ich bin mir nicht sicher, aber ich glaube, sie ist entstanden, als du auf die Welt gekommen bist.«
»Wirklich?«, fragt Jotam erstaunt.

»Ja«, sagt Opa, »du warst doch mein erster Enkel. Und als du geboren wurdest, war ich der glücklichste Mensch auf der Welt. Ich habe die ganze Zeit nur noch gelächelt. Ich bin herumgelaufen mit einem Lächeln. Ich habe sogar mit einem Lächeln geschlafen. Bis ich davon diese Falte bekam ... eine ganz ungewöhnliche ... wie ein Grübchen ...«

Jotam berührt die Falte. Er spürt die Aufregung überall im Körper.
»Das ist ganz bestimmt meine Falte«, sagt er leise.
»Woher weißt du das?«, fragt Opa.
»Weil sie rund ist und ich am liebsten Pizza esse.«
»Dann ist es bestimmt deine Falte«, sagt Opa.

Jotam trinkt seinen Saft und betrachtet die Leute im Café. Er schaut sich um, wer Falten hat und wer nicht, und wer besonders geformte Falten hat.

Plötzlich kitzelt es ihn in den Fingern. Ein richtig kitzelndes, knitzelndes Kitzeln. Er ruft Aviva, sie soll schnell kommen. »Aviva«, flüstert er ihr ins Ohr, »kann ich Farben haben?« »Schon unterwegs!«, ruft Aviva und bringt Jotam Filzstifte und Papier. »Bitte schön, mein Maler, dann mal was Schönes!«

Und Jotam malt.
Kreise und Linien. Gesichter und Falten.
Er ist ganz ins Malen versunken.
Und Opa Amnon sitzt da, schaut seinen Enkel
an und lächelt vor sich hin.

David Grossman, 1954 in Jerusalem geboren, erhielt 2008 den Geschwister-Scholl-Preis, 2010 den Friedenspreis des Deutschen Buchhandels und 2017 den internationalen Man-Booker-Preis für seinen Roman »Kommt ein Pferd in die Bar«. 2021 wurde ihm das Verdienstkreuz des Verdienstordens der Bundesrepublik Deutschland verliehen. Zuletzt erschienen bei Hanser das Kinderbuch »Giraffe und dann ab ins Bett« (2018) mit Illustrationen von Henrike Wilson sowie »Eine Taube erschießen« (Reden und Essays, 2018) und der Roman »Was Nina wusste« (2020).

Ninamasina, 1981 geboren, lebt in Mailand und ist als Illustratorin, Buchherstellerin und Textildesignerin tätig. Ihre Arbeiten wurden vielfach ausgezeichnet. Ninamasina ist ein Künstlername, ein Wortspiel, das Vorname und Nachname von Anna Masini in einem Wort vereint.

Anne Birkenhauer, 1961 geboren, lebt und arbeitet in Jerusalem und wurde mit verschiedenen Preisen ausgezeichnet. Sie hat zahlreiche Bücher von David Grossman übersetzt.

David Grossmans persönlicher Geschichtenschatz zur guten Nacht: Minutengeschichten direkt aus dem Kinderalltag, illustriert von Henrike Wilson

Alle Geschichten von David Grossman für die Allerkleinsten in einem Band!
Ruthis Papa trägt ein Bündel auf dem Arm, das unter einem Handtuch versteckt ist. Das Bündel strampelt und kichert. Papa sieht nach, was unter dem Handtuch ist. Vielleicht eine Giraffe? Erst schaut Papa, ob sie Giraffenfüße hat: Stimmt, genau fünf Zehen an jedem Fuß, das passt. Jetzt noch die Ohren. Das Handtuch bewegt sich, bis ein kleines Ohr hervorschaut. Das passt auch. Fehlen noch Mund und Augen – das Handtuch biegt sich vor Lachen und streckt den ganzen Kopf hervor: Hallo, Ruthi!
Diese und andere Gutenachtgeschichten von David Grossman entstanden für seine eigenen Kinder und Enkel.

»Wunderbare kleine Gutenachtgeschichten voller Geborgenheit und Wärme, wie ein richtig gemütliches Bett.« *Judith Scholter, Die Zeit*

»David Grossman verbindet auf träumerische Weise Kinderalltag und Kinderfantasie. ... Eine Sammlung, die zeigt, wie schön es ist, wenn ein Autor seinem Kinderpublikum vertraut.« *Yvonne Poppek, Süddeutsche Zeitung*

David Grossman
Giraffe und dann ab ins Bett!
Farbig illustriert von Henrike Wilson
Aus dem Hebräischen von Anne Birkenhauer und Mirjam Pressler
112 Seiten. Gebunden

 HANSER hey! Schau vorbei und
teile dein Leseglück auf Instagram

1. Auflage 2023

ISBN 978-3-446-27599-7
© for the text: 2021 by David Grossman
Translated from the Hebrew language.
Original title: »le-chol kemet jesch ssipur«
First published by: Mondadori
© for the illustrations: Ninamasina 2021
Published by arrangement with The Children's Book Factory
Alle Rechte der deutschsprachigen Ausgabe:
© 2023 Carl Hanser Verlag GmbH & Co. KG, München
Satz im Verlag
Umschlag: Birgit Schweitzer, München,
unter Verwendung von Motiven von Ninamasina
Druck und Bindung: TBB, a.s., Banská Bystrica
Printed in Slovak Republic

MIX
Papier | Fördert
gute Waldnutzung
FSC® C022120